Dakoniwewininiwag miinawaa Dakoniwewikweg

Percy Leed

**Gaa-anishinaabewisidood
Chato Ombishkebines Gonzalez**

Lerner Publications ◆ Gakaabikaang

Ininiwag miinawaa Ikwewag

Gaawiin izhisijigaadesinoon ojibwemowin
ezhisijigaadeg zhaaganaashiimowin. Mii
iko aabajichigaadeg inini eshkwesing
da-dazhinjigaazod a'aw dinowa enanokiid, aanawi
go inini gemaa gaye ikwe aawi. Gaawiin nawaj
apiitendaagozisiin a'aw inini apiish a'aw ikwe
anishinaabewiyang

Ezhisijigaadeg yo'ow Mazina'igan

Dakoniwewininiwag

Ganawendamaagewag.

Ganawendamaagewag maji-izhiwebizinid awiya.

Naadamaagewag gaye
wanishininid awiya.

Ishkoniganing
dazhi-anokiiwag.

Chi-oodenaang dazhi-anokiiwag gaye.

Aaniindi endanakiiyan? Oodenawensing gemaa gaye chi-oodenaang?

Waawaazikonewag ingiw dakoniwewidaabaanag. Ombiigwewewag gaye.

**Aaniish
wenji-ombiigwewewaad?**

dakoniwewi-biizikiiganan

bedakaabikisjigaadeg

12

Obiizikaanaawaan iniw dakoniwewi-biizikiiganan miinawaa i'iw bedakaabikisijigaadeg da-waabanda'iweng dakoniwewininiiwiwaad.

Onanda-mikamawaawaan iniw dakoniwewininiwan ingiw dakoniwewisimag gegoo.

Wiikaa na giwaabamaa dakoniwewisim?

Nawaj na'imaanjigewag apii dash bemaadizijig.

Booch da-gikinoo'amawindwaa ingiw dakoniwewininiwag. Gikinoo'amaagoziwag ge-izhi-naadamawaawaapan bemaadizinijin.

Maamawichigewag ingiw dakoniwewininiwag.

18

Owiidanokiimaawaan
iniw bemaadizinijin
genawendamaagewaajin igaye.

Aanoodiziwag da-ganawendamaagewaad ingiw dakoniwenininiwag.

Gikendaasowinan!

Aaniish wenji-minwenimadwaa ingiw
dakoniwewininiwag?

Awenenag genawendamookig miinawaa-sh
wegonen genawendamaagoyan?

Giwii-dakoniwewininiiw ina
gichi-aya'aawiyan?

Ezhi-wiiji'iweyang miinawaa Enamanji'oyang

Apiitendaagwadini awiya i'iw akeyaa ezhi-gikinoo'amaagozid da-apiitenindizod maadagindaasod. Gagwejim egindaasod enendang:

Awegonen gaa-maamawi-minwendaman gii-agindaman yo'ow mazina'igan?

Awegonesh gekendaman azhigwa gaa-agindaman yo'ow mazina'igan?

Gimikwenimaa ina awiya nayaadamaaged megwaa agindaman yo'ow mazina'igan

Mazinaakizonan

bedakaabikisijigaadeg

dakoniwewidaabaan

dakoniwewisim

dakoniwewi-biizikiiganan

Agindan onow

McDonald, Amy. *Police Cars*. Minneapolis: Bellwether Media, 2022.

Schuh, Mari. *All about Police Officers*. Minneapolis: Lerner Publications, 2021.

Waxman, Laura Hamilton. *Police Officer Tools*. Minneapolis: Lerner Publications, 2020.

Ikidowinan

Mazinaakizonan Gaa-ondinigaadeg

Nimbagidinigonaanig da-aabajitooyaang onow mazinaakizonan omaa mazina'iganing ingiw: © PeopleImages.com - Yuri A/Shutterstock Images, pp. 4–5; © rh2010/Adobe Stock, p. 6; © antoniodiaz/Shutterstock Images, p. 7; © RyanJLane/iStockphoto, p. 8; © carstenbrandt/iStockphoto, p. 9; © John M. Chase/iStockphoto, pp. 10–11, 23 (top right); © VAKSMANV/Adobe Stock, pp. 12–13, 23 (top left, bottom right); © Hakim Graphy/Shutterstock Images, pp. 14, 23 (bottom left); © Eric Weiner/Wikimedia Commons, p. 15; © fstop123/iStockphoto, pp. 16–17; © LightField Studios/Shutterstock Images, p. 18; © SDI Productions/iStockphoto, p. 19; © kali9/iStockphoto, p. 20. Cover Photograph: © kali9/iStockphoto. Design Elements: © Mighty Media, Inc.

Odibendaan Lerner Publications, Lerner Publishing Group, Inc.
241 First Avenue North
Gakaabikaang 55401 USA

Nanda-mikan nawaj mazina'iganan imaa www.lernerbooks.com.

Mikado a Medium izhinikaade yo'ow dinowa ezhibii'igaadeg.
Hannes von Doehren ogii-michi-giizhitoon yo'ow dinowa ezhibii'igaadeg.

ISBN 979-8-7656-4959-6 (PB)

Library of Congress Cataloging-in-Publication Data

The Cataloging-in-Publication Data for the English version of *Police Officers: A First Look* is on file at the Library of Congress

ISBN 979-8-7656-2645-0 (lib. bdg.)
ISBN 979-8-7656-3696-1 (epub)

Nanda-mikan yo'ow mazina'igan imaa https://lccn.loc.gov/2023035568
Nanda-mikan yo'ow waasamoo-mazina'igan imaa https://lccn.loc.gov/2023035569

Gii-ozhichigaade Gichi-mookomaan-akiing
1-1010593-53600-4/3/2024